Under 30 Architects
exhibition

U -30

Under 30 Architects exhibition
30歳以下の若手建築家7組による建築の展覧会

2010年9月29日（水）-2010年10月11日（月・祝）12:00-20:00
ODP ギャラリー
アジア太平洋トレードセンター（ATC）ITM10階 ODP（大阪デザイン振興プラザ）

主　　　催	特定非営利法人アートアンドアーキテクトフェスタ	
後　　　援	大阪市 社団法人大阪府建築士会 財団法人大阪デザインセンター	
	財団法人大阪市都市型産業振興センターメビック扇町	
特 別 協 賛	SUS 株式会社	
協　　　賛	株式会社 資生堂　日本管財株式会社　株式会社ユニオン	
助　　　成	財団法人朝日新聞文化財団	
特 別 協 力	大阪デザイン振興プラザ　ATC 輸入住宅促進センター	
展 示 協 力	株式会社インターオフィス　東リ株式会社	
会 場 協 力	アジア太平洋トレードセンター株式会社	
グラフィック協力	ドローイングアンドマニュアル株式会社	
会 場 構 成	株式会社平沼孝啓建築研究所	

www.aaf.khaa.jp/u30

開催にあたって   4 - 5

U - 30 ｜ Under 30 Architects exhibition

会場図   floor map   6 - 7
作品写真   exhibition photo   8 - 17

百年の小屋   The cabins
露れる部屋、都市のしずく   Bare Room, Drop of city
二重螺旋の家   Double Helix House
のれん   noren
道   TRAIL
ものかげの日向   Sun Behind the Shade
カーテンの中のアトリエ   in the curtain

work in progress

コンセプト & プロセス   concept & process   18 - 31

questionare to　Under 30 Architects

出展者インタビュー   exhibitor interviews   32 - 39

meets　Under 30 Architects

伊東豊雄   Toyo Ito   40 - 41
倉方俊輔   Shunsuke Kurakata   42 - 43

about　Under 30 Architects

略歴   profiles   44 - 45

attachment of　Under 30 Architects

作品リスト   list of exhibits   46 - 47
同時開催イベント   event holding simultaneously 48 - 49
あとがき   afterword   50 - 51
会場写真   venue photo   52 - 53
スポンサーリスト   list of sponsors   54

開催にあたって

古川 きくみ （AAF アートアンドアーキテクトフェスタ　代表理事）

　このたび、アートアンドアーキテクトフェスタは、「U‐30　Under 30 Architects exhibition　30歳以下の若手建築家 7組による建築の展覧会」を開催する機会に恵まれました。出展しているのは、大西麻貴（大西麻貴＋百田有希）、大室佑介（大室移築アトリエ）、岡部修三（upsetters architects）、西山広志 奥平桂子（nishiyamahiroshiokudairakeiko）、藤田雄介（CAMP DESIGN INC.）、増田信吾 大坪克亘（増田信吾＋大坪克亘）、米澤隆（HAP+associates）という1980年代に生まれ、現在30歳以下の 7組の建築家です。彼らは、独立したての若手建築家の中でも、これからの活躍を最も期待されているといえる、気鋭の建築家たちです。この世代は、今や建築学生の卒業設計展としての一大イベントとなった「せんだいデザインリーグ 卒業設計日本一決定戦」において、講評会で上位に残り、名だたる審査員の建築家に衝撃を与えた、学生時代から注目を集めてきた世代でもあります。また、大学卒業後も活躍の幅を大きく広げ、若手建築家の登竜門といえる「SD レビュー」など、さまざまな設計競技で入賞している、若手を代表する建築家 7組といえます。

　1980 年代に生まれた彼らが、大学で建築を学んだ時から現在までの間は、決して、建築や設計に大きな夢を抱ける時代ではなかったともいえます。経済成長に伴い、建築によって社会基盤を築きあげること、あるいは社会的な問題を解決するような建築のあり方が求められてきた 20 世紀に対して、昨今の経済不況や、今後の人口減少が予想される 21 世紀では、建築そのものが飽和状態を迎えつつあります。このような中で、設計を学び、建築家を志した彼らには、建築をつくることにどのような意味や創造性を見出しているのでしょうか。

　この世代を代表する出展者は、物としての物質的な建築のあり方よりも、人と空間の間に生まれる

詩的なストーリーを重視し、建築が持つ豊かな表現や価値を新しい方法で人に伝えようとしています。例えば大西麻貴は、日常の自然環境にある、落ち葉や小石などといった素材と、それとは対照的な人工的ではっきりとした存在感を持つ鉄板やスチレンといった素材を自在に組み合わせ、緊張感を持ちつつも、身体が優しく包まれるような感覚を持たせる空間をつくり出します。抽象性と具象性の絶妙なバランス感覚をもったイメージを、有機的な形態によって具象化していくプロセスは非常に興味深く、他には見られない独特の存在感をもつ作品を生み出しています。また増田信吾＋大坪克亘は、光や風といった常に変化のある自然現象をどのようにして建築にとらえることができるのか、詩的なイメージを描きながらも、実験的なアプローチによって模索しています。彼らの描くドローイングは、細かな人物描写と、優しく美しい色彩で、新鮮味溢れた状況を作り出し、その場所に無限の奥行きを生み出そうとしています。

　このように、多くの出展建築家は、自然や現象、身体との結びつきを実感できるさまざまな手法によって空間を表現し、人と建築の関係をより密接にすることを目指しています。社会に対して大きな提案をしていくというよりも、設計者本人にとってリアリティを追求し、興味のあることを、より体感できるかたちで表現したいという純粋な衝動から制作していることは、この世代ならではの大きな特徴です。

　本展では、出展者それぞれが、約 20 平米のスペースの中で、自由な表現手法によって、建築プロセスや思想、世界観などを表現しています。若手建築家 7 組が、20 代として今まさに感じている感覚から生み出した作品から、これからの建築の可能性をご覧いただけることでしょう。また本書は、本展覧会の記録としてだけでなく、それぞれの出展作品の制作プロセスを追い、出展建築家がインタビュー形式で等身大の質問に答えるなど、オペレーションブックとして、彼らの発想を深く追求していく書となりました。展覧会を読み解くのに、また彼らの思考の深層に触れることに、少しでもお役に立てていただければ幸いです。

　最後になりましたが、展覧会実現にご協力いただいた関係各位のご厚意に対し、御礼を申し上げます。

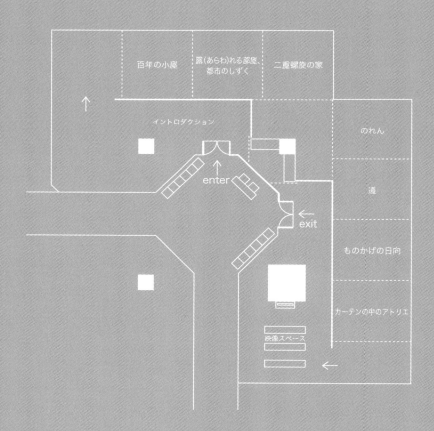

百年の小屋　The cabins ──── 大室祐介

とある土地で実際に使用している書斎兼寝室、物置、便所、祈祷所の四つの小屋からなる小住宅を会場の一画に停留させる。生活の痕跡と残香の漂うこの小屋は、二週間の展示期間を終えた後も長い時を刻みながら多くの知恵を蓄え、語り、歌いかける建築となることを目指して再び何処かの風景の中へと旅立って行く。

露れる部屋、都市のしずく　Bare Room, Drop of city ──── 藤田雄介

今までに手掛けた４つのリノベーションでは躯体を敷地とみなし、その中に建築を建てることで、外部空間を躯体内に引込み、内装に留まらない都市との連続性の獲得を試みてきた。今回の展示では、その手法をドライブさせて架空の都市の中で展開する。躯体に生まれるしずくは、生活が露れた渾然一体の都市空間をつくり出す。

二重螺旋の家　Double Helix House ──── 大西麻貴

東京谷中に計画中の住宅である。敷地が旗竿形状であったため、路地からのアプローチがそのまま螺旋状に巻きつく住宅を考えた。中心のコアは居室となる白く抽象的な空間、螺旋状の空間はギャラリーや図書室となり、小さいけれども豊かな場所を生み出している。また、螺旋状のチューブの上もテラスとして歩くことができ、全体として二重の螺旋の空間が絡み合う構成となっている。

のれん　noren ──── 米澤隆

空間に密実な境界を出現させる。人はここを通り抜け、いすに座るかもしれない。そのふるまいが無意識的に空間に還元され、境界の質を少し変える。境界の変化はさらなるふるまいを喚起する。境界とふるまいが連なり建築が姿を現す。

道　TRAIL ──── 岡部修三

偶然を重ねて必然的に生まれた環境は強く美しい。そんな環境をつくりたいと思っている。そして、新しい偶然を生み出す様な環境をつくりたいと思っている。この作品は、お越し頂いた皆さんと一緒に、偶然を重ねながら、必然的な姿へと変化していく。

ものかげの日向　Sun Behind the Shade ──── 増田信吾　大坪克亘

これは母屋が既にある敷地の一角に小さな納屋兼作業場の設計である。大抵において重要なのは、収納量の多さ、安定した室内環境、そして低予算での実現にある。今回においてもそれはとても重要な条件であり、環境の決定において"人間のための空間"より納められる荷物の支配の方が圧倒的に重要となり、"荷が静かに住まう環境"の計画が主となった。

カーテンの中のアトリエ　in the curtain ──── 西山広志　奥平桂子

事務所の機能がカーテンと共に展覧会場へ移動する。西山と奥平が日常的に滞在することで、来場者とのコミュニケーションの場を計画した。カーテンや家具で包まれた空間には、二人の建築に対する思考が溶け込んでいる。カーテンの柔らかなラインが風にゆれる。

U-30

under30 architects
exhibition

開催にあたって

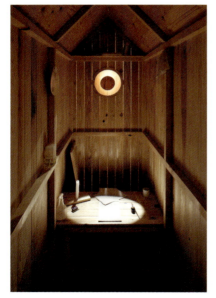

1

2

1　写真左から物置、書斎兼寝室、便所、祈祷所となっている。
　　閉ざされた小屋以外の空間は通路となり、憩いの広場となる。

2　竣工当初は何も無かった内部空間は、生活を通じてあらゆるもので埋め尽くされ、小屋と住人を結ぶ物語が紡ぎだされていく。

3　このスペースの中に、架空の都市を作ることを考えた。
　　4つのプロジェクトで用いた手法をドライブさせた空間を点在させている。

4　この模型の都市は、今までに手掛けたプロジェクトの先にある風景であり、また初期の段階のぼんやりとしたイメージを具象化したもの。

4

3

5 二重螺旋の家を設計しながら考えたことを、大きなコンセプトからディテールに至るまで、なるべく丁寧に伝えたいと考えた。

6 この住宅での内部体験を展開した模型である。道路からアプローチへ、そして螺旋状の廊下へと歩きながら体験する空間を示している。
あたかもシークエンスをそのまま空間化したような、経路の長い家であることがわかる。

7 空間がぬめっとした触覚を持つ、人のふるまいがそれをめくる。

8 人のふるまいの軌跡が波紋となり広がり、空間に残り香をただよわせる。ふるまいと空間のインタラクティブな関係が建築を成す。

9 エキシビジョン開始時の全景。ファイバーの繊維で覆われたスペースが時間の経過と共に偶然を重ねて、必然的な姿に変化して行く。

10 誰もが潜在的に持っている、草をかき分けて進む感覚を再現できるようにセレクトされた素材。

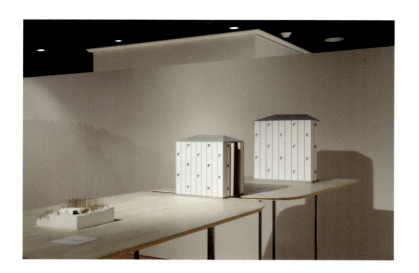

11

12

11   配置、たたずまい、断面を示す 3 つのモデル。

12   内部の環境、薄暗い中に迷い込む光。

13   カーテンに映る影、透ける色、ドレープの隙間、空調の風で揺れる輪郭。
      常に変化する内部の様子が、やわらかな彩りを与える。

14   中に入ると、カーテンの抽象的な質感やドレープのリズムにより、
      あたまの中の世界と現実とが混ざり合う状況のなか、二人に出会う。

17

1　都市部での仮生活の様子。
　　敷地の形状に合わせて小屋同士が適度な距離を保っている。

2　小屋の間のスペースは食堂などの共有空間になる。
　　食物に群がる虫や強風の影響と闘いながら時を過ごす。

3　丸窓や板塀の節穴からは外の様子が見える。
　　日光や風を通しながら内と外をつなぐ。

4　電気、ガス、水道がひかれることはなく、
　　ろうそくの光だけで暗い夜を過ごす。

5　木材だけの簡素な造りのため、
　　修繕を繰り返しながら生活をすることになる。

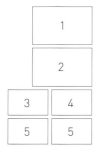

Yusuke Omuro

大室佑介

1 マンションの１室を「街の中の別荘」に改装した
　「翠ヶ丘の住宅」

2 躯体の中の路地に、舞台のような客席・厨房を移設した
　「珈琲店 I」

3 展示プランのスタディ。
　1/100 の模型による架空の都市をつくりだす。

4 「翠ヶ丘の住宅」の手法を他の住戸にも応用し、
　マンション自体を別の建築に変容していく。

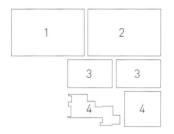

Yusuke Fujita

藤田雄介

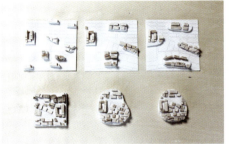

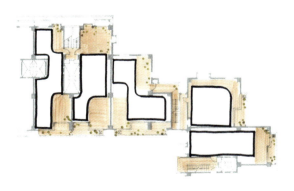

21

1　二重螺旋の家　ファーストイメージ。
　　敷地を訪れた後、谷中の印象を思い浮かべながら
　　描いたイメージである。

2　二重螺旋の家　中期案。
　　この後窓に対する考え方を整理することにした。

3　スタディ模型群

Maki Onishi

大西麻貴

1　人のふるまいと空間の無邪気なたわむれが
　　物質的な建築を乗り越えた"建築"をつくりだす。

2　空間にほどよいねばりけを持たせ、その粗密を変え、身体との
　　関係の中で建築を考えた。

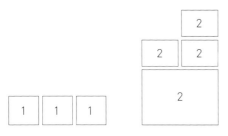

Takashi Yonezawa

米澤隆

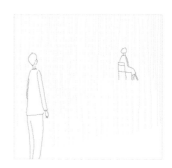

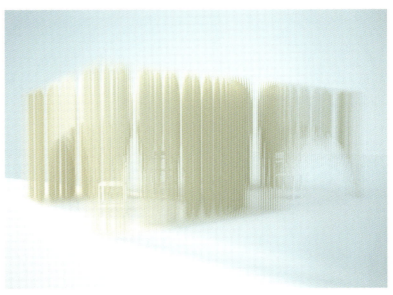

1 コンセプトスケッチ
  時間と共に変化する形状

2 イメージスケッチ
  周辺環境により、偶然を重ねて
  必然的な環境として生み出される道

3 初期段階のコンセプト模型。
  人が通ることで踏みならされてできる道のイメージ。

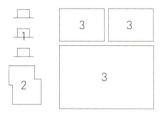

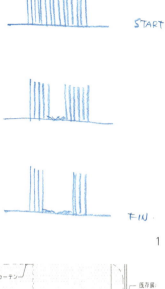

1

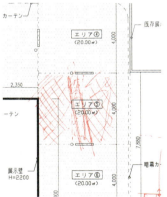

Shuzo Okabe

岡部修三

26

1　20分の1模型での収納量スタディ

2　荷物が住まえる静かな場所

3　細長い両開きの木板

4　時折、日向が顔を出す奥のない開口

5　いくつもの奥行きのある正方形と少し厚みのあるストライプ

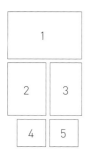

Shingo Masuda
Katsuhisa Otsubo

増田信吾 大坪克亘

1　神戸市立小磯記念美術館主催の
　　RICアートカプセル2009に出展した、
　　初めてのカーテンの作品。"curtain market"

2　展示を終えたカーテンは場所を変えて、
　　事務所をぐるりと包んでいる。"curtain at home"

3　カーテンを用いた他のプロジェクトの模型

4　カーテンは日常的に使用し、改良を加えている。

5　開口やドレープ、
　　照明や家具の配置などのスタディ

6　スタディ模型の一部

7　会場におけるボリューム感や、
　　隣り合う作品との関係性などの検討

8　カーテンは生地からミシンで縫って制作

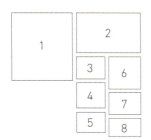

Hiroshi Nishiyama
Keiko Okudaira

西山広志 奥平桂子

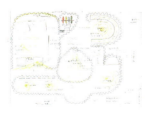

31

出展者インタビュー

差出人　AAF アートアンドアーキテクトフェスタ
宛　先　大室佑介　藤田雄介　大西麻貴　米澤隆　岡部修三
　　　　増田信吾　大坪克亘　西山広志　奥平桂子

AAF　　　今回の展覧会の意義についてどう感じていますか。

藤田　　　建築家としての U-30 は、孵化したてのヒナのような存在だと思います。しかし
　　　　　個人を表現するためのメディアが多様化している現在では、年齢に関わらずアク
　　　　　ションを起こしていくことが可能なのも確かです。そういう背景から U-30 が生
　　　　　まれたのは必然であり、2010 年という節目に行われることがタイミングとして
　　　　　も重要だと感じています。

米澤　　　Don't trust over 30。建築家というにはまだまだ青臭い 20 代、だからこそつく
　　　　　りだせる世界観もあるのだろうと思います。圧倒的情熱で爆発的に行動できなけ
　　　　　れば 20 代として価値がありません。そんな展覧会にできればと思っています。

岡部　　　U-30と言う切り口はおそらく5年前には成立し得なかった、時代性を帯びた切り
　　　　　口だと思います。テクノロジーの進化によって、表現から情報発信までが、個人
　　　　　レベルで容易にできるようになったその第一世代として、新しい時代の幕開けを
　　　　　示唆するものを見せていきたいと思います。

増田大坪　自分たちと同じ世代の設計者に会うことができ、話し合いの中で僕らと共通する
　　　　　部分と違う部分を感じることができたことはとても貴重なことでした。

AAF　　　展覧会で自身が表現することの意義をどう感じていますか。

大西　　　今まさに考えていることを確認する場、そしてそれを訪れる人に伝える場だと思
　　　　　います。

米澤　　　建築はある機能を持ちますが、そういったことから少し自由になり、展覧会では
　　　　　表現方法自体が問われます。建築的思考をどれだけ純粋に表現できるかというこ
　　　　　とに意義を感じます。

西山奥平	日ごろの設計、制作活動の中で考えていることを、よりわかりやすいかたちで伝えることだと思っています。
大室	個人的には展覧会を「プロセス発表の場」にしたくないので、作品の大小はともかく原寸大での提示を心掛けています。
藤田	今回の出展作品に関しては、竣工したプロジェクトのさらに先をかたちにしたのですが、このようなことは展覧会だからこそ意義があると感じています。これまでの仕事を振り返ると同時に、その先について深く考えられるとてもいい機会になりました。

AAF	毎日の習慣として取り組んでいることはありますか。
藤田	どんなに忙しくても、毎日少しでも自分の時間を持つことです。散歩をしたり、珈琲を飲みに行ったりします。そうすることで、やらなければいけないことも整理でき、考えていたことがクリアになっていきます。
米澤	日々新しいことを思考し、興味があることにはなんでも挑戦し、精力的に取り組むことを心掛けています。できないという言葉を極力使わず、失敗を恐れずにギリギリまで粘ることです。
大西	忙しくない時にはなるべく食事を自分でつくるようにしています。
増田大坪	直接設計にはつながらないような会話をよくしています。しかしそれが後々突然引き合いに出されたりするので案外大事です。
大室	コラージュをつくり、読書をし、遅い時間になってからろうそくの光だけでしばらく過ごし、犬の散歩に行きます。

AAF	日々の設計活動で心掛けていることはありますか。
藤田	建築に関わらず、他の活動にも共通して、「編集」をキーワードに考えています。与条件を整理して、求められている方向性を読み取り、それを明快なかたちにしていく作業を心掛けています。
増田大坪	どんなに細かいディテールでも"納める"のではなく、設計深度を"より深く"していけるように、お互い気付いたらとことん話し合い検証することです。
西山奥平	より多くの視点から物ごとをとらえることができるよう心掛けています。

岡部	建築家として、その設計活動で生み出される環境の意義を常々考えています。いかにして、社会とリンクしていくかが重要であり、大小、ジャンルに関わらず、まず設計の前に、対象の社会的な立ち位置を見極め、その本質と向き合うことを大切にしています。
AAF	毎日の活動のスケジュールについて教えてください。
増田大坪	基本、昼前集合で終電で解散します。後は成り行きに任せます。 事務所で設計活動、現場にて打ち合せ、大学にて後輩達とゼミ活動、を中心に日によってスケジュールが構成されます。
藤田	打ち合わせや人に会う予定がない日は、10 時半に仕事場に行きます。基本的に 1 人で活動しているので、日中に息抜きに散歩を兼ねて珈琲を飲みに行きます。作業は夜の方がはかどるので、自分のペースに合わせて仕事をしています。現場がある場合は、規則正しく活動しています。
大西	朝 10 時から仕事を始めます。夜は遅くまで仕事をすることが多いです。
大室	午前中は自身の制作活動をしています。昼食の後から仕事を始め、夕方には一杯やっています。
AAF	いま取り組んでいる仕事にはどういったものがありますか。
藤田	住宅、リノベーション、インスタレーションなどの設計をしています。 住宅のリノベーションや店舗の VI 計画などに携わっています。
西山奥平	内装設計やデザイン業務、アートイベントへの出品、ワークショップ、イベント運営などに関わっています。
岡部	建築、インテリア、プロダクトなどの設計活動を軸に、企業ブランディング、イベント企画プロデュースなど、都市のアクティビティに関わること全般をデザイン対象として、分野を横断して活動しています。
米澤	公文式という学習塾の建物を設計監理しています。他にも名古屋に古くから建つ町家をリノベーションしてオフィスにするというプロジェクトや、岐阜県養老町に養老芸術家村を構想、設計を進めています。

大室	小規模の内装計画の他に、小説家や詩人などの文学者や芸術家が過ごした旧家を小さな聖地にする計画を進めています。
AAF	今後設計活動への期待や不安はありますか。
増田大坪	建築家の職能があまり理解されてないこの日本の状況からして大変不安です。しかし僕たちはそれに対する未来への期待も特に持っていないという事実もあります。できることと言えば、僕たちの設計した物、考え方を共感できる施主や建築家の方々は少なからずいらっしゃるので、もっとそういったコミュニティーを広げていくことです。続けていけば大きくなっていくと思います。
米澤	不安はいっぱいです。日々、3歩先、5歩先を考えてはいますが、3歩先でも明確にはわかりません。しかし、わからないからこその期待感はあります。不安というのは原動力で、それを期待という方向に接続していきたいと思います。
大西	何もかも初めてのことが多く、わからないことばかりで常に不安はつきまといますが、周りの方に助けていただいています。
岡部	建築家として職能を生かすべきフィールドは、まだまだあると考えています。積極的に社会性をもって活動することで、フィールドが広がって行くことを期待しています。
藤田	期待していることは、仕事を通した人間関係の広がりがさらに生まれればということです。不安なことを挙げればキリがないのですが、設計事務所をしながら生計を立てるのは本当に大変なことだと痛感しています。
AAF	1980年生まれという時代性の中で自分の活動をどうとらえていますか。
西山奥平	今後、建築家の職能をより広い分野で応用し、展開していこうとする柔軟なスタンスが必要になっていくと思います。
増田大坪	僕たちは学部を卒業し業務的実務経験を踏まずにはじめた、"半端者"であり、"アマチュア"です。しかし逆に、純粋な建築を追求していくこと自体が難しい社会状況の中で、プロフェッショナルにはできないかたちで"アマチュア"なりに建築というフィールドの可能性を広げていきたいと思っています。
米澤	バブル崩壊以降の社会で育ち、ものをつくることに懐疑的な世代だということには共感しますが、だからこそそれを自覚しつつもあえて"もの"にこだわってい

	きたいと思います。"もの"の先でいかに社会や時代と接続できるかを模索していきたいと思っています。
大西	まだよくわかりません。ただ、何か新しいことをしたいと考えています。 80年生まれということを意識せず、先人の知識や知恵を受け継ぎ、現代語に翻訳し、後世に伝えることができればそれでよいと考えています。
大室	急速な時代の変化による情報化社会の恩恵と、物質的な移動が容易になったことを最大限生かしながら、建築家として今だからできる本質的な活動を心掛けています。それが、無意識のうちに新しい建築家としての可能性を提示することになればと思っています。
AAF	なぜ20代という若い時期に独立を決意したのですか。
大西	たまたま仕事があったためです。
岡部	今思うと、未熟だったと思う部分も多々ありますが、そのときの自分には、自ら新しい活動のフィールドを開拓していると思える様な事務所が見つからなかったからです。なぜ、何のために設計するのかと言う問いを求めた結果が独立でした。
米澤	決意したというよりは、結果として独立しました。大学4年時に住宅の設計の依頼を受けそれに取り組みました。一作完成させた後は学生生活に戻るのだろうと思っていましたが、完成と同時に次の設計の話をいただき、それから5年間現在に至るまで、幸運なことに建築の依頼が途切れませんでした。それも人生なのだと思い独立に至りました。
増田大坪	在学中や卒業後の進路を決めるまでに"建築"とは何なのかがわからなかった点にあります。まずそこを自分たちなりに少しでもはっきりしたかったからです。卒業から現在に至るまで、いくつかの小さいプロジェクトや何人かとの共同設計を通して自分たちの"建築"もしくは"やりたいこと"の方向を日々模索しています。
藤田	いろいろな偶然が重なり、「翠ヶ丘の住宅」を設計する機会に恵まれ、独立しました。決意した上での独立というよりは、さまざまなタイミングが絡み合って現在に至っているといえます。ただ独立して建築をつくることに年齢は関係がなく、自分のつくりたいものの目標設定を高く持ち、そこにボールを投げられることが重要なのだと思います。

AAF	建築家という職業を選んだ経緯はどういったものですか。
藤田	小さいころから「渡辺篤志の建物探訪」など見せられていたので、そのあたりで植え付けられていたものが影響してか、大学を選ぶときには自然と建築学科に入りました。ただ大学に入ったころからは、建築物単体よりも都市や環境も含めた空間全体への興味が強くなっていったと思います。
増田大坪	哲学もしくは絵画のような純粋な学問や芸術にも興味はありました。しかしそれよりも物理的で現実的で、実験的な"建築"を選んだのだと思います。
岡部	デザイン活動に公共性を求めた結果だと思います。建築 / 都市の最も基本的なインフラとしての機能に、自分の考えるデザイン活動の対象としての可能性を感じたからです。
米澤	祖父が大工をしており、小さいころよく現場に連れていってもらっていました。そこはものすごく活気があり、柱が立ち屋根がかかり、日に日に建築としての姿を現してきました。高校 3 年生のころガウディのテレビ番組を見ていた時、小さいころの現場で感動した体験がよみがえり、建築家になろうと志すことになりました。
大室	大学 1 年の夏のドイツ旅行で建築に興味を持ち、2 年の夏のギリシャ旅行で建築を学ぶことを決めました。
大西	心から感動できる建築と出会ったこと。素晴らしい建築家と出会ったことです。

AAF	制作の中で一番大切にすることは何ですか。
大西	美しいことです。そしてそれが他者と共有できることを大切にしています。
米澤	コンテクストがもつ"やぼったさ"を引き受け、抽象の中に埋没させるのではなく、抽象と具象の同時共存を目指します。未完結性を保持した抽象の中に不確定要素としての"やぼったさ"を共存させ、ゆらぎ、ノイズといったものを建築に持たせたいと思っています。
西山奥平	僕たちが関わることで、世界が閉じてしまうのではなくて、より関わりしろを広げていくことを大切にしています。
増田大坪	ある答えのために解答していく設計ではなく、結果的に回転が永く続いていくような、ループしていくための初速度のような設計を心掛けています。

AAF	建築活動の中で一番好きなことは何ですか。
米澤	建築の設計を進めていく中で周りも巻き込み一気に盛り上がる瞬間が何度かあります。そういった自分の考えを超えていく流れが起こっているときなどが一番楽しいときです。 何もないところに新しい世界を描けるところです。
藤田	完成した空間の中で、自分の予想を超えた現象や人の振る舞いが現れたときです。建築は大きなものなので、どんなにイメージをしていても、完成したときにはそれを超える「何か」が生まれてしまいます。その予測不可能なものを呼び込めたときが、1番うれしいです。
AAF	設計活動に関わっていてよかったと思うことは何ですか。
大西	建築が個人の力を超えて、自ら歩き始めるように感じられる瞬間です。
藤田	仕事を通じて人間関係が大きく広がったり、予想もしないところでつながっていくことです。特に独立してからは、いろいろな輪がつながり広がっていくことを実感する機会が多いように感じます。
米澤	建築が無事竣工したとき、お施主さんが喜んでくれたとき、竣工から何年か経って建築を訪ねたときお施主さんが幸せそうに生活をしてくれているとき、そして自分の考えていたことを共感してもらえるとき、などにやっててよかったと思います。
AAF	表現手法に関してはどのようなことを考えていますか。
大西	見る人、訪れる人がそれぞれ何かを発見できるものがよいと思います。
藤田	誤解を招く表現かもしれませんが、「カッコイイ」ものをつくらないことです。空間をつくる上で、身の丈を大きく超えたものではなく肩の力を抜いた普段着の感覚が大切だと思います。そしてユーモアの感覚のあることが重要です。難しいことですが、そういう言葉で表現しにくい「感覚」の問題にまで入り込んでいきたいと思っています。
増田大坪	特にこだわりはありませんが、一番やりたいこと、意図が伝わる手段を毎回選びます。しかし設計したいことが状況的なことと明確になり始めた今、状態や状況

を細かく描写した客観的な"絵"が多いです。

AAF　　　　最後に、どういった方法で建築のかたちを決めていくのですか。

増田大坪　　はじめからかたちになっているものが出てくることもありますし、最後にかたち
　　　　　　になることもあります。はじめからかたちになっているものが出てくることは悪
　　　　　　いことではないと思っています。肯定的であろうが否定的であろうが、言葉でも
　　　　　　かたちでもよいのですが"思いつき"には大抵何か大事なことが潜んでいます。
　　　　　　僕たちにとってはその後、解析や調査を行い、どう変化し回転していくかが大切
　　　　　　です。

米澤　　　　一緒に手伝ってくれる後輩達、パートナー、職人さん、お施主さんにこちらから
　　　　　　ある考えを投げかけ、それらの人からのフィードバックを建築に昇華させていき
　　　　　　ます。決して自分一人で閉じることなく、他者、対象のポテンシャルをプロジェ
　　　　　　クトに取り込み、まだ見ぬものに昇華していけたらと思います。

藤田　　　　かたちをつくるのではなく、与条件を整理した上で、ある方向性に向けて「編集」
　　　　　　することが設計だと考えています。方向性とは、施主の要望と自分の設計テーマ
　　　　　　を噛み砕いたものです。与条件と方向性の枠組みの中で、いかにまとめるかが建
　　　　　　築家に求められているのではないかと思います。つまり設計とは「空間の編集」
　　　　　　だと考えています。

大室　　　　あらゆる要素を含めた「土地の記憶」を読み取ることを第一に考えながら制作を
　　　　　　始めています。

岡部　　　　対象を観察し、状況を整理してコンセプトをまとめていくと、自然にかたちは決
　　　　　　まって行くと考えています。装飾的な要素も、その延長にあるべきだと考えてい
　　　　　　ます。

西山奥平　　人の行為などによって変わっていくような、その場の環境に対して順応性を持つ
　　　　　　かたちをつくりたいのです。

大西　　　　初めは突拍子もないように思えるアイディアが、最終的にとても自然であると思
　　　　　　えるようになるまで、スタディを繰り返します。

AAF　　　　質問にお答えいただき、ありがとうございました。
　　　　　　今回の出展者インタビューは、あらかじめメールで送った質問に2010年7月30日
　　　　　　から8月17日までの間に150字以内で回答していただき、それを対談形式にまとめ
　　　　　　たものです。

伊東豊雄 （いとう とよお・建築家）

洗練の先にあるものは何か　－ 若い人々へのメッセージ －

　建築家を志す若い人々と接すると、大方はとてもスマート、かつクールである。口角沫を飛ばすような議論にお目にかかることはまずない。いくらこちらが攻撃をしかけても、軽く受け流されてしまう。若い割りにはやけに大人、というか成熟している印象を受ける。これは複雑な社会のなかで幼い頃から他者を傷つけたり、他者とトラブルを起こすことを回避する術を身につけて育ったからであろう。

　このスマートさやクールさは彼らの建築にどう現われているのだろうか。

　概していえば、彼らの建築は詩的で繊細、洗練された抽象さを備えている。従って外国の建築家から見ると、それらはきわめて美しく、日本の伝統を継承していると高い評価を受ける。彼らの作品に比較すると、自分が若い頃に設計した小住宅などは著しく粗野で繊細さに欠けていることを痛感する。

　彼らの建築に見られる繊細さや洗練は、食の世界や衣の世界にも共通する。我が国のさまざまな料理やファッションは世界でも例を見ない程にソフィスティケートされているとよく言われる。

　だがこうした日本独自の洗練は若い人達の建築や、衣食の世界には限らない。それは現在の日本の社会そのものと言えるのではないか。我々は極度に洗練された精密機械のような社会に生きている。時に息苦しいと感ずる程にである。

　しかしこの洗練さは一体どこに向かうのだろうか。ソフィスティケーションの先には一体どのような世界が開かれるのか。精度の先には精度しかなく、所詮我々はエントロピーの極限状態、ともいうべき静止状態を迎えるしかないのではないか。それは「プリミティブ」から最も遠い状態と言ってよいだろう。

このところ海外で建築をつくる機会が年毎に増えているのだが、建設技術、建設スケジュールを始めとして、建築に関わるさまざまな精度の悪さに驚く。これは決して建築だけの問題ではなく、社会全体の緻密さの欠如に由来していると思われる。

　だがそうした社会にしばし浸っていると、人々はその精度の悪さのなかで楽しそうに、というよりも精度の悪さ故に生き生きと暮らしているように感じられる。粗野だが人間らしい喜びや怒りや悲しみの表情を備えているように見える。

　私はそんな社会での仕事を体験してから自らの建築のあるべき方向を変えた。美しく洗練された建築ではなく、もっと力強く人々に生き生きとしたエネルギーを感じてもらえるような建築をつくりたい、と…。

　いま日本の社会は未来への夢を持てないし、向かうべき方向も見失っている、と言われる。政治の問題も大きいだろう。そしてこうした低迷はまだまだ続くに違いない。

　アジテートする訳では決してないが、若い人々が現在のまま美しい洗練を究め続けるとすれば、この美しい日本と心中することになりはしないだろうか。

　だが一歩外に出れば我々の近くには、膨大なアジアの世界が広がっている。そこは粗野でまだまだ繊細さには欠けているかもしれないが、活力に満ちた夢を描ける世界である。若い時にのみ可能な冒険の旅に出て、繊細な美しさの世界を一度外から眺めてみてはどうだろう。美しさに磨きをかけるのはそれからでも遅くはないように思われてならない。

倉方俊輔 （くらかた しゅんすけ・建築史家）

建築への確信

　U-30の顔は、なかなか見えてこない。同じ30歳以下でも、学生や大学院生であれば、近頃ますます盛んな卒業制作展や学生グループの活動などを通じて、アンビルトの有名人として名が出ることもあるだろう。あるいは30歳を超えれば、個人で事務所を開いていても、組織の一員として設計を行っていたとしても、実作と共にその名が知られる機会にも恵まれるだろう。しかし、その狭間に位置する30歳以下の建築家が何を考え、何をしているかとなると、インターネット時代の今も、メディアに現れてこないのが現実だ。一般には最も「見えない」年代に光を当てたところに、まず今回の展覧会の新しさがある。

　では、この1980〜83年生まれの7組の建築家から、何か統一された顔が読み取れるのか。まず言えるのは、多様だということだ。なんだ「多様だ」なんて、何十年も前から「現代の若手」の展覧会をやれば必ず言われてきたことじゃないか、と言われるかもしれないが、ちょっと待っていただいて・・・。

　今回1点1点を拝見し、お話を伺って感じるのは、出身大学のカラーが意外に強いということだった。美術寄りだったり、社会寄りだったり、手作り的だったり、アプローチはさまざまだ。

　一昔前に比べて、建築系の学科がずいぶん増えた。数だけでなく、幅が拡がった。学際的な学科や、総合的なデザインの一分野としての位置づけを持つ学科も珍しくなくなった。もう「建築学科」と名の付くものだけが建築の学科では無いのだ。これまでは建築家を育てるような校風では無かった老舗大学、あるいは家政系の大学も変貌して、デザイン寄りに。こうなると、どこから誰が出てくるか分からない。そんな多様化と流動化を後押しするのが、新たに全国的なメディアとなった卒業制作展などである。出展者はそういう世代だ。

　そんな中で何か確かなものとして「建築」を選び取る→「建築とは何か」を考える→それは統一されていないので自分で探す→ここに何かがあるとつかんだものから始める、という回路が想像される。作品が多様であり、そこに概して出身大学のカラーが感じられることは、彼／彼女たちの誠実さの現れだろう。

だからと続けるべきか、しかしと書くべきか、7組には共通性が感じられる。「建築がつながりを作れる」という確信である。「確信」というと強く響いてしまうかもしれないが「確かなものとして信じる」、つまり、無根拠ではないが盤石でもない、自己存在と一体となった信仰のような意味で見てほしい。

　大室佑介は、敷地に固定され、恒久性を持ち、生活機能を内包するといった通常考えられる建築の定義をすべて裏切る移動可能な小屋を通じて、人と人、人と土地の間につながりを作り出していく建築の働きを捉えようとしている。藤田雄介は、屋内と屋外の感覚がつながるようなインテリア設計によって、個人所有と都市共有のつながり、建築とキャンプのつながりを主張している。大西麻貴は、使い手の行動を編集し拡張することと、ふと思い出されるような印象深い光景の創造によって、使い手と建築、建築と都市の新たなつながりを生み出そうとしている。米澤隆は、人と空間をもっと直接的につなげようと試み、あえて美学的には未完成なあり方で、関係者のつながりの誘発を狙っている。岡部修三は、設計が社会の中にあるつながりを視覚化し、気づかせ、それによって社会を変えていくものであることを提示している。増田信吾＋大坪克亘は、人間を中心にしない原理から生み出された、強靭で、受け手の理解の幅の広い形態によって、人と建築の間の詩的なつながり、人と人の間の理解＝誤解によるつながりを作り出そうとしている。西山広志＋奥平桂子は、一般人でも縫製できる平凡な素材である半透明のカーテンによって、空間を仕切りながらつなぎ、そこに自分たちがいることで、取っつきにくい建築と、日常の世界とをつなごうとしている。

　7組の建築家は多様でありながら、この時代にあって「建築はつながりを作れる」という確信において共通している。前後を逆にすれば「つながりを作れるものが建築だ」と考えている。この思いは自分の居場所探しと一体だから強靭であり、「建築」の枠組みの拡張であるから、この世代だけで閉じるものではない。20代だけで消える一過性の特徴ではないと確信している。

出展者略歴

Yusuke Omuro　大室佑介

1981年東京都生まれ。多摩美術大学大学院を修了後、磯崎新アトリエを経て2009年に大室移築アトリエを設立。現在、多摩美術大学芸術人類学研究所の特別研究員として、小説家や思想家の旧居などを建築的に再考する「フィールド・ミュージアム・ネット構想」に携わりながら、自身の個展、住宅設計、展示会場構成、墓の計画などを通じて活動の幅を拡げている。主な建築作品に「漂白の詩人　伊良子清白の家」(三重県)「練馬のサロン」(東京都)「未竣工シリーズ」(埼玉県他)、展示作品に「想起　アドルフ・ロースへの手紙」「翻訳」「ピント　焦点」「目の構造、あるいは重力」(全て秋山画廊) など。

Yusuke Fujita　藤田雄介

1981年兵庫県生まれ。2005年日本大学生産工学部建築工学科卒業。2007年武蔵工業大学大学院工学研究科修了 (現：東京都市大学)。手塚貴晴＋手塚由比／手塚建築研究所を経て、2009年 CAMP DESIGN INC. を設立。都市や街でキャンプをするような、強く外部と接続した空間づくりと、スーザン・ソンタグの定義したキャンプ＝高尚でない身の回りの事象から組立てていくデザインを行っている。建築からプロダクト、グラフィックまでを幅広く手掛け、主な作品に「翠ヶ丘の住宅」「珈琲店 I」などがある。

Maki Onishi　大西麻貴

1983年愛知県生まれ。2006年京都大学工学部建築学科卒業。2008年東京大学大学院工学系研究科建築学専攻修士課程修了。現在、「大西麻貴＋百田有希」共同主宰。
主な作品に「地層のフォリー」2009（百田有希・小川勇樹、熊澤智広、南方雄貴と共同設計）、「千ケ滝の別荘」2006 - (SDレビュー2007 鹿島賞)、「都市の中のけもの、屋根、山脈」2008 (『ダブルクロノス展』出展)「夢の中の洞窟」2009 (東京都現代美術館) など。

米澤隆　　Takashi Yonezawa

1982年京都に生まれる。高校を卒業と同時に天下を志し東京を目指すも、みそかつの匂いにつられ名古屋で途中下車。2002年名古屋工業大学に入学する。圧倒的に楽しい学生生活を送る中、大学4年のときに住宅の設計の依頼を受け、建築設計事務所 HAP+associates を設立する。自分の中に閉じることを嫌い自己完結を避け、他者、対象をまきこみ日夜お祭り状態の設計活動を展開する。現在までに住宅を3作、飲食店を2作完成させ、名古屋、京都を中心に活動をくり広げる。SDレヴュー2008入選、国際コンペ入選、オーストリアにて作品展示など受賞歴多数。

岡部修三　　Shuzo Okabe

1980年愛媛県生まれ。慶應義塾大学大学院政策・メディア研究科環境デザインプログラム修士課程修了。2004年より "upsetters architects" 主宰。「都市を観察し風景を再構築する」をコンセプトに、建築、インテリア、イベントなど、都市のアクティビティに関わること全般をデザイン対象として、分野を横断して活動を続ける。JCDデザイン賞金賞、グッドデザイン賞など受賞歴多数。現在、特定非営利活動法人富士森林施業技術研究所 デザインアドバイザー、TOKYO DESIGN LAB. クリエイティブディレクターを務める。

増田信吾 大坪克亘　　Shingo Masuda　Katsuhisa Otsubo

増田信吾 (1982年、東京都生まれ) と大坪克亘 (1983年、埼玉県生まれ) は別々の大学を卒業後、2007年から東京を拠点として共同での設計活動をはじめる。2008年「風がみえる小さな丘」(島田雄太共同設計) が 鹿島出版会 SDReview2008 に入選し、翌年 2009年「たたずむ壁」(ATELIER hH 共同設計) が鹿島出版会 SDReview2009 に入選する。2009年竣工した「ウチミチニワマチ」が社団法人愛知建築士会名古屋北支部建築コンクールに入賞する。

西山広志 奥平桂子　　Hiroshi Nishiyama　keiko Okudaira

1983年 大阪生まれの西山と、神戸生まれの奥平が、大学在学中より共同で制作を始める。共に、2009年 神戸芸術工科大学大学院修士課程鈴木明研究室を修了し、同年、nishiyamahiroshiokudairakeiko 設立。"建築をもっとわかりやすく 楽しく身近なものに" を目標に制作に没頭する毎日。第42回セントラル硝子国際建築設計競技 入選、オープンスタジオ 2008 青木淳と建築を考える 最優秀賞、2010年社団法人愛知建築士会名古屋北支部 建築コンクール 入賞。六甲ミーツ・アート「芸術散歩 2010」出展予定。主な作品に、"curtain market"、"ashihara" など。

作品リスト

「百年の小屋」2010 年
大室佑介
木、生活必需品他
W900mm×D300mm〜1800mm×H2250mm

「露れる部屋、都市のしずく」2010 年
藤田雄介
ボール紙、木、他
W2500mm×D2500mm

「二重螺旋の家」2010 年
大西麻貴
紙、木、スチレンペーパー
W350mm×D215mm×H400mm (main model)

「のれん」2010年
米澤隆
レーヨン、布、木
W4050mm×D5000mm×H2200mm

「道 / TRAIL」2010年
岡部修三
ミクストメディア
W4000mm×D4000mm×H1300mm

「ものかげの日向」2009年〜
増田信吾 大坪克亘
鉄、木、など
W1300mm×D600mm×H1000mm×2

「カーテンの中のアトリエ」2010年
西山広志 奥平桂子
ガーゼ生地、アルミハトメ、ステンレス針金
W3500mm×D4200mm×H1900mm

第54回建築士会全国大会「大阪大会」プレイベント

Under 30 Architects exhibition　30歳以下の若手建築家7組による建築の展覧会

U-30 記念シンポジウム I

日時　2010年10月3日（日）　15:30 -19:30
　　　レセプションパーティ　19:30 - 20:30

会場　ODP特設会場　アジア太平洋トレードセンター（ATC）ITM棟10階

ゲスト建築家　五十嵐淳（北海道）× 藤本壮介（関東）× 平沼孝啓（関西）× 三分一博志（中国）× 塩塚隆生（九州）
　　　　　　　meets　U-30出展若手建築家
日本を代表し全国で活躍をする出展者のひと世代上の建築家を一同に招き、これからの日本の建築のあり方を探ります。

（北海道）

五十嵐 淳（いがらし じゅん）　建築家

1970年北海道生まれ。1997年五十嵐淳建築設計設立。03年吉岡賞、04年大阪現代演劇祭仮設劇場コンペ最優秀賞、05年BARBARA CAPPOCHIN国際建築賞グランプリ、10年JIA新人賞を受賞する。

（関東）

藤本 壮介（ふじもと そうすけ）　建築家

1971年北海道生まれ。東京大学工学部卒業後、2000年藤本壮介建築設計事務所設立。08年JIA日本建築大賞、09年wallpaper*誌のDesign Awards 2009など他、多数を受賞する。

（関西）

平沼 孝啓（ひらぬま こうき）　建築家

1971年大阪府生まれ。99年 Hs WorkSHop - ASIA（現・平沼孝啓建築研究所）を設立。日本建築士会連合会賞やInnovative Architecture 国際建築賞（イタリア）など他、多数を受賞する。

（中国）

三分一 博志（さんぶいち ひろし）　建築家

1968年生まれ。「地球のディテール」を提唱。吉岡賞、Detail Prize（ドイツ）、ar+d award（イギリス）などを受賞する。

（九州）

塩塚 隆生（しおづか たかお）　建築家

1965年福岡県生まれ。大分大学大学院修士課程修了1994年塩塚隆生アトリエ設立。Detail Prize 2009（ドイツ）大賞ファイナリスト、JCD銀賞など他、多数を受賞する。

主　催　社団法人大阪府建築士会
後　援　大阪市　財団法人大阪デザインセンター
　　　　財団法人大阪市都市型産業振興センターメビック扇町
特別協賛　SUS 株式会社
協　賛　株式会社イケダコーポレーション　大島応用株式会社　鹿島建設株式会社
　　　　株式会社ソーア　株式会社竹中工務店　大和設計事務所
特別協力　大阪デザイン振興プラザ　ATC輸入住宅促進センター
会場協力　アジア太平洋トレードセンター株式会社
企　画　特定非営利活動法人アートアンドアーキテクトフェスタ

定員　500名（申込み先着順）

参加費　一般 1,000円
　　　　建築士会会員・学生 500円
※建築士会の会員の方は会員証の提示
　を願います。
※学生の方は学生証の提示を願います。

申込方法
希望日・氏名・年齢・性別・所属（会社名・大学名）・郵便番号・住所・電話番号・メールアドレスを記載して、下記申込先まで、Eメールあるいは FAXにて送信して下さい。

社団法人 大阪府建築士会
E-mail : info@aba-osakafu.or.jp
FAX : 06-6943-7103

申込締切
シンポジウム I　　9月27日（月）必着

第54回建築士会全国大会「大阪大会」プレイベント
Under 30 Architects exhibition　30歳以下の若手建築家7組による建築の展覧会

U-30 記念シンポジウム Ⅱ

日時　2010年10月9日（土）　15:30-18:30
　　　　レセプションパーティ　18:30-19:30
会場　ODP特設会場　アジア太平洋トレードセンター（ATC）ITM棟10階
ゲスト建築家　　伊東豊雄　（建築家）
　　　　　　　　meets　U-30出展若手建築家
世界を代表する日本人建築家・伊東豊雄を招き、これからの建築を考えていく方法と手がかりを探ります。

伊東 豊雄（いとう　とよお）建築家

1941年生まれ。65年東京大学工学部建築学科卒業。近作に「多摩美術大学図書館（八王子キャンパス）」、「座・高円寺」、「2009高雄ワールドゲームズメインスタジアム」など。日本建築学会賞、ヴェネツィア・ビエンナーレ「金獅子賞」、王立英国建築家協会（RIBA）ロイヤルゴールドメダル、朝日賞など受賞。現在、「今治市伊東豊雄建築ミュージアム」、「台中メトロポリタンオペラハウス（台湾）」などのプロジェクトが進行中。

定員　　500名　（申込み先着順）

参加費　　一般 1,000円
　　　　　建築士会会員・学生 500円
※建築士会の会員の方は会員証の提示
　を願います。
※学生の方は学生証の提示を願います。

申込方法
希望日・氏名・年齢・性別・所属（会社名・大学名）・郵便番号・住所・電話番号・メールアドレスを記載し、下記申込先まで、EメールあるいはFAXにて送信して下さい。

社団法人 大阪府建築士会
E-mail：info@aba-osakafu.or.jp
FAX：06-6943-7103

申込締切
シンポジウムⅡ　10月4日（月）必着

主　催	社団法人大阪府建築士会
後　援	大阪市　財団法人大阪デザインセンター
	財団法人大阪市都市型産業振興センターメビック扇町
特別協賛	SUS 株式会社
協　賛	株式会社イケダコーポレーション　大島応用株式会社　鹿島建設株式会社
	株式会社ソアー　株式会社竹中工務店　大和設計事務所
特別協力	大阪デザイン振興プラザ　ATC輸入住宅促進センター
会場協力	アジア太平洋トレードセンター株式会社
企　画	特定非営利活動法人アートアンドアーキテクトフェスタ

49

平沼孝啓 （ひらぬま　こうき・建築家）

あとがき｜30 歳以下の若手建築家 7 組による建築の展覧会開催の軌跡

　この展覧会に関わることになったきっかけは、昨年の秋に、大阪の国立国際美術館で開催した僕の展覧会「平沼孝啓建築展 非現実から現実へ」で、京都市立芸術大学の教え子で、現在も博士課程に在籍する古川きくみさんが、実行委員長として、設営、運営に至るまでを引き受けてくれたことから始まります。この時の会場運営スタッフとして参加をしてくれたメンバーは、建築や芸術、環境デザインを学ぶ大学生が中心でした。学ぶ学科は違っていても同じ世代で生きている者同士、考えに共感をする部分が多く見受けられ、短い会期ではありましたがずいぶん盛り上がり、僕を含め関係した人たちにとって、とても充実した楽しい時間を過ごせました。ちょうどその頃、この夏に開催した大学生による「建築ワークショップ奈良 2010」の企画が決まった頃でした。大学で教鞭をとられている多くの先生方のご協力をいただきながら、学生を中心に奈良でのワークショップの企画を実行していく中で、古川さんを代表に NPO 法人を立ち上げることになり、さらに今回の U-30 建築展の企画へとスゴロクのように計画が進みました。

　しかしすべてが順調にはいきません。展覧会の企画を立てたものの、奈良でのワークショップと同時期の開催となったこともあり、多くの賛同者や協賛者をみつけることなど、日頃、依頼を受ける側にいる設計者の僕には困難の連続でした。そんな中で古川さんは、僕よりずっと若い、本人と同世代の建築家を探しはじめます。インターネットや雑誌などを手がかりに、独立して設計競技や実作提案をしている 80 年代生まれの建築家をみつけ、直接彼らのアトリエを訪れ、活動の内容や思想、建築に対する考え方をうかがいはじめていました。メディアに取り上げられることの少ない 20 代の若手建築家たちを探しだすために、東は東北、西は九州まで往来しつづけ、今回は出展に至らなかった方も含め、数多くの可能性をもった若い建築家に会いに行き、ひとりひとりの話を聞く中で、その地道な行動が説得力を生み、展覧会への興味と期待につながり、多くの企業や個人の協力者のご賛同を得られたのだと思います。

このようにして集まった今回の出展者 7 組は、お互い初めて知る人も多かったようです。僕はそんな彼らと何度か会って話をしたのですが、出展者のみなさんはすごく自然体で、出展作品で悩んでいることなど素直に相談してくれました。みなさんがまとっている雰囲気が、20 代の頃の僕と全然違うように思い、興味深く感じました。

　参加した若手建築家たちの作品は、彼らの時代を映しだすように、これまでの建築を大きく変化させるものではないかもしれません。しかし、そこには新しい考え方を示す建築の捉え方の差異が存在しています。今回の会場構成にあたり、その細かな粒子のような存在に影響を与えない会場を目指し、単純な操作で下地をつくることで、決して表現者にはならない寡黙な構成にしました。多くを語らない展覧会場には、何か出展者の声を残しておきたい。そう思い、建築史家の倉方さんにお願いをして、出展者へのインタビュをとっていただきました。若手建築家 7 組の表現者の内側にある考えの素地を、来館者に感じていただきたいと思っています。

　最後になりましたが、本展を実現するにあたり、シンポジウムのご出席を快くお引き受けくださった、三分一博志さん、塩塚隆生さん、五十嵐淳さん、そして藤本壮介さんをはじめ、出展者のひとつ上の世代で活躍されている建築家のみなさんのご賛同に感謝し、いつも僕たち建築家の指標になってくださる伊東豊雄さんが、若い世代へのご助力をお引き受けくださったことをうれしく思います。

　この展覧会が、出展者のみなさん、出展者と同世代のみなさん、これから建築を志すみなさん、そして関わってくださったすべての方々にとって、新しい考え方を得るきっかけの第一歩になることを願っています。企画の当初から快く相談にのってくださり、的確な示唆をくださった SUS の小倉一恵さん、そして若い世代の建築家のために素晴らしいチャンスを与えてくださった石田保夫さんに深く感謝いたします。

U 30

Under 30 Architects exhibitio

30歳以下の若手建築家 7組による建築の展覧

主催	
後援	
	mebic
特別協賛	SUS Corporation
協賛	SHISEIDO
	日本管財株式会社
助成	
特別協力	
展示協力	TOLI 東リ株式会社
	inter.office
会場協力	ATC

U-30 展覧会 オペレーションブック

展覧会開催記念限定本 （シリアルナンバー付・初版限定）

発行日	2010年9月29日（初版 第1版発行）
会　期	2010年9月29日（水）－10月11日（祝・月）
会　場	ODPギャラリー（ 大阪・南港 ATC ）
展覧会監修	特定非営利活動法人アートアンドアーキテクトフェスタ
執筆	大西麻貴　大室佑介　岡部修三　西山広志　奥平桂子 藤田雄介　増田信吾　大坪克亘　米澤隆 伊東豊雄　倉方俊輔　平沼孝啓
発行者	古川きくみ
発行	特定非営利活動法人アートアンドアーキテクトフェスタ 〒615-8071 京都府京都市西京区桂春日町6-2-101
制作・編集	村松雄寛 （ 株式会社平沼孝啓建築研究所 ）
編集協力	小倉一恵 （ SUS株式会社 ） 関口宏之 （ SUS株式会社 ）
デザイン協力	ドローイングアンドマニュアル株式会社
印刷・製本	株式会社グラフィック
撮影・写真	繁田諭 （ 株式会社 ナカサアンドパートナーズ ）

© 2010 AAF Art & Architect Festa , Printed in Japan.

Under 30 Architects
exhibition